Die Augenblicke,

in denen wir
füreinander da sind,
sind wichtiger als
alles andere.

Leon Arzberger

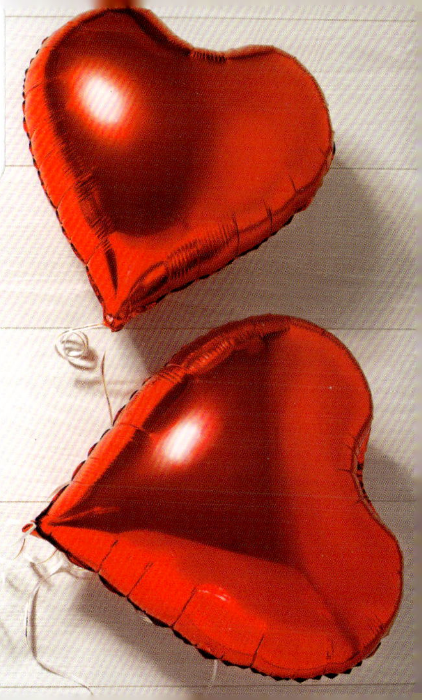

JEDER HAT
SEINEN PLATZ IM LEBEN.
DU HAST EIN PLÄTZCHEN MEHR.
*Mitten in
meinem Herzen.*

Ruth W. Lingenfelser

MANCHMAL SAGT
EINE UMARMUNG MEHR ALS
TAUSEND WORTE.

Man muss sich die Dinge,
die einen freuen, immer wieder herholen,
um sich an ihnen
ZU WÄRMEN.

Ingrid Koller

Ein paar Minuten Glück
können uns Kraft geben für einen ganzen Tag.
Hansruedi Wirz

DEN TAG

MIT EINEM LIED
BEGINNEN IST EIN WEG,
IHN ZU GEWINNEN.

Dagmar C. Walter

Die Musik hat etwas,
was so tief geht, dass deine Seele
die Botschaft mitbekommt.
Egal welche Probleme du hast,
DIE MUSIK HILFT DIR,
sie anzugehen.

Mahalia Jackson

MANCHMAL IST EIN ORT
DEIN ZUHAUSE
UND MANCHMAL
IST ES EIN MENSCH.

An Menschen,
die fest zu uns halten,
sollten wir unbedingt
FESTHALTEN.

Ernst Ferstl

Knüpfe dir in Gedanken
ein Netz und fange damit
alles ein, was Herz und Seele
schön finden.

Paul Hufnagel

Augenblicke, die uns erfüllen,
wärmen unser Herz für lange Zeit.
Angelika Emmert

LÄCHELN
umarmt den Nächsten, die Welt
und den Lächelnden.

Else Pannek

AUCH EIN
KLEINER ANLASS
KANN GRUND ZU
GROßER
FREUDE
SEIN.

Ingrid Koller

Das kleine Glück
nährt sich vom täglichen Genuss.
Ursula Kohaupt

Tu deinem Körper
etwas Gutes,
damit deine Seele Lust hat,
darin zu wohnen.

Teresa von Avila

BESINNUNG
auf das Wesentliche ist
der beste Weg, stressige Zeiten
gelassen zu meistern.

Marielle Schumann

AUSRUHEN
IST KEIN STEHENBLEIBEN -
SONDERN EIN KRAFTTANKEN.
Ernst Ferstl

Auch wenn es mal schwierig wird – zusammen kriegen wir das hin.

Die besten Freunde
sind nicht immer die,
die du jeden Tag siehst,
sondern die, die du in
deinem Herzen hast.

Halte Ausschau
nach Ideen,
die für dich die Welt
in die Farben des
Regenbogens
eintauchen.

Yvonne Mölleken

LASS DICH EIN AUF DAS
Abenteuer „Leben",
UND DU WIRST IMMER WIEDER
ÜBERRASCHT UND BESCHENKT.

Lore-Lillian Boden

DU HAST ALLES IN DIR:

DIE KRAFT, DIE DU BRAUCHST UND
DAS VERTRAUEN, DAS DICH STÄRKT.

Wenn du etwas für richtig hältst,
dann lass dich von niemandem
davon abhalten, sondern verfolge
deinen Plan mit Gelassenheit, Geduld
UND ALLER KRAFT.

Lissy Klee

Das Leben hält
JEDEN TAG
neue Geschenke für dich bereit,
du musst sie nur erkennen.

Nina Sandmann

JEDER TAG IST EINE
BUNT GEMISCHTE
WUNDERTÜTE –
NIMM DIR DAS
BESTE HERAUS.

Paul Hufnagel

Hör in dich hinein
und du spürst,
was in dir steckt.

Elfriede Engel

Hindernisse sind Chancen,
sich zu beweisen, was man kann.
Patrice Jeancourt

Habe

KEINE ANGST

vor schwierigen Momenten.

Das Beste geht von ihnen aus.

Rita Levi-Montalcini

ALLES KOMMT, WIE ES KOMMEN SOLL –
HAB GEDULD UND VERTRAUEN
UND ALLES WIRD SICH WEISEN.

Silvia Petritsch

Einen Freund haben heißt, jemanden haben, der im Notfall einen Rettungsring auswerfen würde.

Sophie Kammerer

ZU WISSEN,
DASS DA JEMAND IST,
DER IMMER ZU EINEM STEHT,
DER MIT EINEM DURCH
dick und dünn geht,
IST UNBEZAHLBAR.

Nina Sandmann

Nicht alles perfekt?
Na und – es kann trotzdem
ein großartiger Tag werden.

Auch aus Steinen,
die uns in den Weg gelegt werden, kann man
etwas Schönes bauen.
unbekannt

ERLAUBE NIEMANDEM, DIR

DEIN STRAHLEN

ZU NEHMEN – AUCH NICHT DIR SELBST …
DU BIST WUNDERBAR,
DU BIST GENUG!

Karima Stockmann

Der Gedanke

AN DICH

ist wie ein Fenster

zur Sonne.

Martha Willinger

Ein Heilmittel für allen Kummer ist das Gespräch.

aus Irland

Gibt es
etwas Beglückenderes,
als einen Menschen zu kennen,
mit dem man sprechen kann
wie mit sich selbst?

Cicero

EHRLICHKEIT
UND OFFENHEIT
MACHEN DICH
VERWUNDBAR –
SEI TROTZDEM
EHRLICH
UND OFFEN.

Mutter Teresa

Du musst nicht
vollkommen sein –
SEI DU.

Else Pannek

Du hast einen Platz auf dieser Welt;
es ist dein Leben. Tue alles, um es
zu dem Leben zu machen, das du
LEBEN MÖCHTEST.

Mae Jemison

Ein Ziel
zu haben ist die
größte Triebkraft im
Leben eines Menschen.
Victor E. Frankl

ALLEIN KANNST DU VIEL ERREICHEN, ZUSAMMEN MIT ANDEREN ALLES.

Sprichwort

Eine helfende Hand
DANKBAR
ANNEHMEN,
wenn man sie braucht,
ist ein Zeichen von Stärke.

Bernd Winkel

Manchmal ist ganz in deiner Nähe
das Lächeln,
das du gerade brauchst.

Kirsten Schwert

Ich kenne kaum
ein größeres Glück, als mich
mit jemandem, den ich liebe,
über etwas herzlich
freuen zu können.

Sonja Recknagel

Die besten Gespräche
kommen manchmal
ohne Worte aus.
Zum Beispiel eine
UMARMUNG.

Kirsten Schwert

DAS SCHÖNSTE GESCHENK,
DAS MAN EINEM ANDEREN MENSCHEN
MACHEN KANN, IST AUFRICHTIGE
ZUWENDUNG.

aus Arabien

Entfernungen
sind bedeutungslos für Menschen, die sich nahestehen.
Friederike Weichselbaumer

Freundschaft ist
das Band, das zwei Herzen
zusammenhält.

Helga Schäferling

DAS LEBEN

ist nie perfekt.
Aber es gibt Menschen,
die es perfekt machen.

AUCH WENN WIR
NICHT AM SELBEN ORT SIND -
ICH DENK AN DICH!

Textnachweis: Wir danken allen Autoren bzw. deren Erben, die uns freundlicherweise die Erlaubnis zum Abdruck von Texten erteilt haben, sowie Herrn Ernst Ferstl für seine Texte, www.gedanken.at.

Bildnachweis: Cover, S. 47: S. Inna Kot/Getty Images; S. 1: Mihail Minea/Getty Images; S. 3, 20, 22, 30, 33, 41, 51: Catherine Falls Commercial/Getty Images; S. 5: imacoconut/Getty Images; S. 6: Hendrata Yoga Surya/Getty Images; S. 8: Flower Mariya/Shutterstock.com; S. 11: the_burtons/Getty Images; S. 13: Alexandr Dubynin/Getty Images; S. 14: Yajie Wang-Campagne/Getty Images; S. 17: David/stock.adobe.com; S. 18: MirageC/Getty Images; S. 25: fcafotodigital/Getty Images; S. 27: Westend61/Getty Images; S. 29: pinstock/Getty Images; S. 34: Tanja Ivanova/Getty Images; S. 36: Codruta Istrati /Getty Images; S. 38: Tatiana/Getty Images; S. 42: Carol Yepes/Getty Images; S. 44: Ana Maria Serrano/Getty Images; S. 48: Anchalee Phanmaha/Getty Images.

Cover: Alicia Terry
Layout: Christin Bussemas Ampersand loves

Gesamtherstellung: Printfactory, Istanbul

Ich denk ganz fest an dich
GTIN 978-3-8485-0295-0

www.groh.de

MIX
Papier | Fördert gute Waldnutzung
FSC® C130076
www.fsc.org

1 2 3 4 5